Psychologie als Bezugswissenschaft der Sozialen Arbeit

Vanessa Baum

Bibliografische Information der Deutschen Nationalbibliothek:

Die Deutsche Nationalbibliothek verzeichnet diese Publikation in der Deutschen Nationalbibliografie; detaillierte bibliografische Daten sind im Internet über http://dnb.d-nb.de abrufbar.

ISBN: 9783346473004
Dieses Buch ist auch als E-Book erhältlich.

Druck und Bindung: Books on Demand GmbH, Norderstedt Germany
Gedruckt auf säurefreiem Papier aus verantwortungsvollen Quellen

Das vorliegende Werk wurde sorgfältig erarbeitet. Dennoch übernehmen Autoren und Verlag für die Richtigkeit von Angaben, Hinweisen, Links und Ratschlägen sowie eventuelle Druckfehler keine Haftung.

Das Buch bei GRIN: https://www.grin.com/document/1126123

Hochschule Hannover

University of Applied Science and Arts

Fakultät V

Referat

im Studiengang „Soziale Arbeit (berufsbegleitend)"

3. Semester

Modul 122: **Bezugswissenschaften Soziale Arbeit**

Psychologie als Bezugswissenschaft der Sozialen Arbeit

vorgelegt von: Vanessa Baum

am 26.06.2021

Inhaltsverzeichnis

1. Einleitung

„Die Psychologie und die Soziale Arbeit verbindet ein gemeinsamer Gegenstand: es ist der Mensch und sein Erleben, Handeln und Verhalten" (vgl. Pankofer/ Vogt 2021: 26). Die komplexen und differenzierten Theorien und Beschreibungen wurden in beiden Disziplinen dahingehend weiterentwickelt, wie sich Menschen in unterschiedlichen sozialen Kontexten erleben. Damit Menschen mit Problemlagen ein gelingendes Leben führen können, haben beide Wissenschaften ihre Wissensbestände in Bezug auf die entsprechenden Hilfsangebote weiterentwickelt (vgl. ebd.: 26).

In dieser Arbeit geht es um das Zusammenspiel der Sozialen Arbeit mit einer ihrer *„wichtigsten Bezugswissenschaften"* (ebd.: 25), der Psychologie. Bevor die Psychologie als Bezugswissenschaft der Sozialen Arbeit näher dargestellt wird, geht es in Kapitel 2 um die Begriffserklärung der „Sozialen Arbeit". Inhaltlich wird anhand verschiedener Definitionen verdeutlicht, dass es sich um eine Profession und Disziplin handelt, die Veränderungen und Entwicklungen, den sozialen Zusammenhalt und die Ermächtigung und Befreiung von Menschen fördert (vgl. Borg-Laufs 2018: 71). Außerdem wird festgestellt, dass die Prinzipien der Menschenrechte und sozialer Gerechtigkeit Fundamente der Sozialen Arbeit sind (vgl. Wendt 2017: 26). In Kapitel 3 wird kurz skizziert, welche Bedeutung die Bezugswissenschaften allgemein für die Soziale Arbeit haben. Dadurch wird die Vielschichtigkeit der Profession eines Sozialarbeitenden hervorgehoben. Danach wird zum einen der Begriff „Psychologie" als empirische Wissenschaft definiert und der Bezug zur Sozialen Arbeit hergestellt. In Kapitel 5 werden kurz die in der Psychologie angewendeten Paradigmen vorgestellt. Darauf erfolgt eine Erläuterung, welchen Einfluss die Psychologie einerseits auf die Disziplin und andererseits auf die Profession der Sozialen Arbeit hat. Bevor zum Schluss die wichtigen Kernpunkte dieser Arbeit zusammengefasst werden, erfolgt eine kritische Auseinandersetzung über die Psychologie als Bezugswissenschaft der Sozialen Arbeit.

2. Soziale Arbeit

Die *International Federation of Social Workers (IFSW)* definiert den Begriff der Sozialen Arbeit als Profession und Disziplin, die Veränderungen und Entwicklungen, den sozialen

Zusammenhalt und die Ermächtigung und Befreiung von Menschen fördert. Richtungs-weisende Elemente sind dabei die Prinzipien der sozialen Gerechtigkeit, der Menschen-rechte, der gemeinschaftlichen Verantwortung und der Anerkennung der Verschieden-heit. Menschen sollen dahingehend befähigt werden, dass sie sich den Herausforderungen des Lebens stellen und somit mehr Wohlbefinden erreichen können. Das Einwirken auf bestehende Sozialstrukturen ist dabei von wesentlicher Bedeutung. Grundlage für das Er-reichen dieser Ziele sind die Theorien der eigenen Disziplin, der Human- und Sozialwis-senschaften, aber auch die Erfahrungen des beruflichen Kontextes (vgl. Borg-Laufs 2018: 71).

Laut Hammerschmidt richtet sich die Soziale Arbeit an Menschen mit Lebensproblemen. In Form einer sozialen Dienstleistung soll diesen auf Grundlage gesellschaftlichen Inte-resses und sozialstaatlicher Rahmenbedingungen so geholfen werden, dass sie durch die Bewältigung dieser Probleme gesellschaftlichen (Normalitäts-)Anforderungen entspre-chen können (vgl. Hammerschmidt et al. 2017: 13). Zu den gesellschaftlichen (Normali-täts-)Anforderungen, von denen Hammerschmidt hier spricht, gehört auch „Hilfe zur Selbsthilfe" (vgl. SGB I), um gemeinsam mit den Adressat*innen Strategien zu entwi-ckeln, die den sozialen Problemen entgegenwirken. Wendt sieht in der Profession der Sozialen Arbeit vor allem drei Aspekte: Zum einen die Förderung des sozialen Wandels, zum anderen Problemlösungen in zwischenmenschlichen Beziehungen und schließlich die Ermächtigung und Befreiung von Menschen, um ihr Wohlbefinden zu heben. Soziale Arbeit greift an den Punkten ein, an denen Menschen interagieren. Dies tut sie unter Nut-zung von Theorien menschlichen Verhaltens und sozialer Systeme. Außerdem stellt er fest, dass die Prinzipien der Menschenrechte und sozialer Gerechtigkeit Fundamente der Sozialen Arbeit sind (vgl. Wendt 2017: 26). Eine weitere Aufgabe in der Sozialen Arbeit ist es, Menschen gleiche Teilhabe- und Entwicklungschancen zu ermöglichen, unabhän-gig von ihrer Geschichte oder ihren individuellen Merkmalen (vgl. Bretländer et al. 2015: 130).

Bevor in Kapitel 4 die Psychologie beschrieben und gleichzeitig ihre Wichtigkeit als Be-zugswissenschaft der Sozialen Arbeit dargelegt wird, geht es im Folgenden kurz allge-mein darum, welchen Nutzen und Gewinn die Soziale Arbeit durch die Bezugswissen-schaften erhält. Ferner werden weitere aufgezählt, um gleichzeitig deutlich zu machen, wie vielschichtig die Arbeit eines Sozialarbeitenden ist.

3. Bedeutung von Bezugswissenschaften in der Sozialen Arbeit

Bezugswissenschaften benutzen entsprechend ihrer eigenen Forschungsgegenstände eigene Forschungsmethoden, die sich ggf. von denen der Sozialen Arbeit unterscheiden. Dabei geht es um verschiedene Aspekte und Ebenen des Menschseins bzw. der Entwicklung der Menschheit und deren räumlich und zeitlich eingegrenzten Teilbereiche. Die Perspektiven der einzelnen Spezialdisziplinen müssen anhand von Modellen gebündelt werden, so dass diese Synthesen mithilfe von empirisch-theoretischen Untersuchungen bestätigt oder widerlegt werden können. In solchen Modellen müssen Vielfältigkeit der Menschen, die Ebenen und Intensitäten ihrer gegenseitigen Abhängigkeiten bzw. ihres aufeinander Angewiesenseins und ihre gemeinsamen Ressourcen erfasst werden. Dabei können nicht einfach Modelle, Methoden und Theorien unterschiedlicher Perspektiven und Wissenschaftsdisziplinen addiert werden, um eine Synthese zu erreichen. Vielmehr sind in der Sozialen Arbeit ankopplungsfähige Theorieelemente und Teilmodellvorstellungen erforderlich. Da die Soziale Arbeit eine Handlungswissenschaft ist, liegt eine besondere Herausforderung darin, dass diese Synthesemodelle sowohl erklärungs- als auch handlungsbezogen sein müssen (vgl. Engelke 2005: 6).

Das Handeln der Sozialarbeiter*innen gestaltet sich komplex, da sie mit vielfältigen Menschen zu tun haben, die unterschiedlichste biografische Erfahrungen mitbringen. Da sie in sozialen und gesellschaftlichen Rahmenbedingungen agieren, arbeiten sie auch mit anderen Fachkräften, zum Beispiel Psycholog*innen oder Ärzt*innen zusammen (vgl. Schmitt/Witte 2018: 7).

Soziale Arbeit ist mit anderen Humanwissenschaften vielfach verwoben. Dies zeigt sich, wenn Soziale Arbeit nicht auf eine pädagogische Denk- und Handlungsperspektive verkürzt wird. Die entscheidenden Wege, soziale Problemfelder zu identifizieren, zu verstehen und zu bearbeiten, eröffnet der bezugswissenschaftliche Ansatz in der Sozialen Arbeit. Die sozialarbeiterische Handlungsfähigkeit wird durch das Wissen, das Bezugswissenschaften bereitstellen, gestärkt. Wissenschaftliche Erkenntnisse werden dadurch abgesichert. Bezugswissenschaften arbeitet der Sozialen Arbeit zu und darin liegt der Gewinn (vgl. Die Soziale Arbeit und ihre Bezugswissenschaften. o. J.).

4. Psychologie und Soziale Arbeit

Im Onlinelexikon für Psychologie und Pädagogik wird Psychologie folgendermaßen definiert:

> *„Die wissenschaftliche Psychologie ist definiert als die Wissenschaft vom Verhalten und Erleben des Menschen, sie beschreibt und erklärt die Entwicklungen und Veränderungen während des menschlichen Lebens und alle darauf einflussnehmenden Aspekte" (Wissenschaftliche Psychologie – Onlinelexikon für Psychologie und Pädagogik o. D.).*

In der Arbeit der Sozialarbeiter*innen geht es um Menschen mit individuellen sozialen Problemlagen. Sie versuchen dabei, ihre „Fälle" zu verstehen und ihre Klient*innen bei der Bewältigung ihrer Probleme zu unterstützen. Damit dies gelingen kann, stellen sich Sozialarbeiter*innen oft folgende Fragen: Womit kann diesem Menschen geholfen werden? Warum handelt dieser Mensch so? Wie denkt dieser Mensch? – und: Wodurch ist er so geworden? Dadurch ist es den Sozialarbeitenden möglich, menschliches Handeln zu *beschreiben*, zu *erklären*, zu *verstehen*, *vorherzusagen* und zu *beeinflussen*. Die Psychologie ist genau für solche Fragen die „einschlägige Bezugswissenschaft". Von psychologischen Sicht- und Herangehensweisen, Theorien und Forschungsbefunden kann die Soziale Arbeit profitieren, auch wenn die Sozialarbeitswissenschaft selbst sich zunehmend ein eigenes Profil erarbeitet hat (vgl. Lübeck 2020: 7).

„Die Psychologie versteht sich als empirische Wissenschaft und untermauert damit eine wissenschaftliche begründete und reflektierte sozialarbeiterische Berufspraxis" (Lübeck 2020: 7). Sie erforscht Fragen, überprüft Theorien und bedient sich dazu empirischer Forschungsmethoden. Die Schlüsse, die aus den Forschungsergebnissen gezogen werden können, geben die Möglichkeit, Implikationen für die Praxis zu erstellen. Des Weiteren weist die Psychologie viele Schnittstellen mit anderen Wissenschaften auf und trägt somit zu einem besseren Verständnis des „großen Ganzen" bei (vgl. Mücke 2021). Es werden verschiedene Arten von Wissensbeständen und Erkenntnissen in der Sozialarbeitswissenschaft differenziert. Von Spiegel spricht beispielsweise von *Beschreibungswissen*, welches im Zusammenhang mit Diagnostik eine wichtige Rolle spielt. Als zweite Kategorie nennt sie *Erklärungswissen*, wenn es nach dem „Warum?" geht. Weiter spricht von Spiegel von *Wertewissen*, welches als Beurteilungswissen für Entscheidungen notwendig ist,

sowie auch Veränderungswissen unter Einsatz bewährter Methoden. Menschliches Handeln zu verstehen, zu erklären und zu beeinflussen ist also in der Sozialen Arbeit, sowie in der Psychologie mit vergleichbarem Anspruch von Interesse (vgl. Lübeck 2020: 7).

5. Grundprinzipien und Paradigmen der Psychologie

In der Psychologie gibt es verschiedenen Herangehensweisen an die Erklärung menschlichen Erlebens und Verhaltens. Wegen der Unterschiedlichkeit der theoretischen Zugänge spricht man hier gern von Paradigmen. Darunter ist ein jeweils allgemein anerkannter Konsens zu verstehen, der inhaltliche Annahmen bündelt und Lösungsangebote für eine Vielzahl von Fragestellungen verspricht. Mittlerweile geht es in der Psychologie weniger darum, verschiedene Sichtweisen und Paradigmen gegeneinander in Konkurrenz zu sehen, sondern diese nebeneinander stehen zu lassen, und den einen (oder auch mehrere) gut begründete Aspekte des menschlichen Erlebens und Handelns aus verschiedenen Zugängen als wertvolle Ergänzung zu begreifen. Die Bereiche der Entwicklungspsychologie, der Pädagogischen Psychologie, der Klinischen Psychologie und auch der Persönlichkeitspsychologie wurden maßgeblich durch diese Paradigmen geprägt (vgl. Lübeck 2020: 15-16).

Zu diesen zählen:

Das tiefenpsychologische Paradigma: Dieses basiert auf Siegmund Freuds (1856 – 1939) Psychoanalyse und geht davon aus, dass die Erklärungen für ein bestimmtes Erleben und Handeln tief im Unbewussten und tief in der Vergangenheit zu finden sind. Hier geht es um das psychodynamische Wechselspiel der drei Persönlichkeitsinstanzen Es (Triebe), Ich (bewusste Entscheidungsinstanz) und Über-Ich (Gewissen).

Das behavioristische Paradigma: Bei dieser Herangehensweise sind die sichtbaren und erfassbaren Verhaltensweisen eines Menschen ausschlaggebend für die Betrachtung. Alles Verhalten wird hier auf drei verschiedene Lernprozesse zurückgeführt:
Die klassische Konditionierung: Ein (ursprünglich neutraler) Reiz erzeugt einen dann konditionierten Reflex. Stichwort: „Pawlowscher Hund"

Die Operante Konditionierung: Das Verhalten wird von den entsprechenden Konsequenzen gesteuert. Man spricht von positiver bzw. negativer Verstärkung und positiver bzw. negativer Bestrafung.

Das Lernen am Modell: Menschen entwickeln Verhaltensweisen durch Abschauen bei anderen Menschen. Es gilt das Prinzip von Vorbild und Nachahmung. Beeinflussende Faktoren sind hier die Intensität der Wahrnehmung, die Reproduktionsfertigkeit und die Motivation, sich das beobachtete Verhalten aneignen zu wollen.

Das kognitive Paradigma: Hier werden innere Prozesse und vor allem das Denken eines Menschen erkundet, um sein Erleben und Handeln zu verstehen. Das Verhalten wird durch komplexe Handlungs- und Steuerungspläne bestimmt, die auf komplexe Prozesse im Denken, in der Wahrnehmung und in der Informationsverarbeitung zurückzuführen sind.

Das humanistische Paradigma: Dieser Ansatz überschneidet sich vielfach vom Kognitivismus. Die Betonung liegt hier jedoch auf der Ganzheit von Kognition, Emotion und Motivation als beeinflussende Faktoren des bewussten Erlebens. Treibende Kraft des Verhaltens ist die Tendenz zur Selbstverwirklichung, die jedem Menschen innewohnt. Damit verbunden ist das Streben nach Befriedigung der menschlichen Grundbedürfnisse. Die Grundannahme ist, dass die Natur des Menschen gut ist und somit gefördert und ermuntert werden sollte.

Das systemische Paradigma: Mittelpunkt der Betrachtung sind die Beziehungsstrukturen zwischen Menschen. Als Schlüssel für die Erklärung des Erlebens und Handelns gilt hier die interpersonale Ebene und die Systemebene von Beziehungen.

Das biologische Paradigma geht den organisch bedingten Ursachen bestimmter Verhaltensweisen nach. Eine Rolle spielen hier genetische, hirnorganische, endokrine und neurologische Gesichtspunkte.

Das soziokulturelle Paradigma beschäftigt sich vor allem mit den interpersonalen Bezügen und systemischen Wechselwirkungen zwischen mehreren Individuen und Systemen.

Hinzu kommen gesellschaftliche soziale Umstände, in denen Ursachen menschlichen Erlebens und Handelns gesucht werden (ebd.: 16-23).

6. Disziplin der Sozialen Arbeit und die Bezugswissenschaft Psychologie

Soziale Arbeit und Psychologie haben sich historisch jeweils eigenständig entwickelt. Beide Disziplinen haben ein eigenes Wissenschaftsverständnis und eigene Wissensbestände. Von der professionellen Seite her betrachtet steht bei beiden der Mensch im Mittelpunkt des beruflichen Handelns. Es gibt gemeinsame Konzepte, auf die sie sich berufen. Dazu zählen beispielsweise Partizipation, Empowerment und Ressourcenorientierung. Bei der Beantwortung fallspezifischer Themen der Sozialen Arbeit sind verschiedene Theorien und Erkenntnisse aus der Psychologie von Bedeutung. Eine besondere Rolle spielen hier die Bereiche der Wahrnehmungs-, Entwicklungs-, Erziehungs-, Familien- und Differenziellen Psychologie bzw. Persönlichkeitspsychologie. (vgl. Teske 2016: 58)

Die Disziplin bildet die Wissensbasis für eine Profession (vgl. Gahleitner et al. 2010: 29), In der Sozialen Arbeit geht es darum, Menschen mit sozialen Problemlagen und ihre beeinflussenden Faktoren so gut wie möglich zu verstehen, um helfen zu können. Dabei geht es um die Beschäftigung mit menschlichem Handeln. Um effektiv intervenieren zu können, muss dieses beschrieben, erklärt, verstanden, vorhergesagt und beeinflusst werden, wie bereits in Kapitel 4 dargelegt. Die Psychologie hat hier einen wesentlichen unterstützenden Charakter, da sie Sicht- und Herangehensweisen, Theorien und Forschungsbefunde zur Verfügung stellt, von denen die Sozialarbeitenden bei ihren Analysen profitieren können. Mittlerweile hat sich die Soziale Arbeit zu einer eigenständigen Disziplin entwickelt. Der Stand, auf dem sie heute ist, konnte maßgeblich durch die Einbeziehung der Bezugswissenschaften erfolgen, von denen die Psychologie eine wesentliche ist. Sowohl in der Sozialen Arbeit als auch in der Psychologie geht es darum, menschliches Handeln zu verstehen, zu erklären und zu beeinflussen. Soziale Probleme sind immer mit inneren Prozessen von Menschen verbunden, deren Analyse psychologischer Theorien bedarf. Insofern war und ist die Psychologie eine wesentliche Bezugswissenschaft für die Theorien, Modelle und der weiteren Forschung der Disziplin der Sozialen Arbeit (vgl. Lübeck 2020: 7).

7. Profession der Sozialen Arbeit und die Bezugswissenschaft Psychologie

Soziale Arbeit wird oft als Praxiswissenschaft beschrieben. Disziplin und Profession können nicht voneinander abgekoppelt betrachtet werden. Schumacher macht diesen Zusammenhang deutlich, indem er ausführt, dass ein vollständiges Bild der Sozialen Arbeit erst da entsteht, wo das abstrakte Verständnis und das konkrete Tun ineinander übergreift (vgl. Schumacher 2011: 17).

Ein Zielzustand Sozialer Arbeit ist das Wohlbefinden von Menschen. Hier geht es zentral um „menschliches Erleben und Verhalten". Die Psychologie kann Antworten darauf geben, wie Wohlbefinden unterstützt und gefördert werden kann. (vgl. Borg- Laufs 2018: 73) Dazu gehört nach Epstein und Grawe das Modell von vier psychischen Grundbedürfnissen:

Bindungsbedürfnis

Dabei geht es um emotional tiefgehende Beziehungen zu stabil vorhandenen Bezugspersonen. Denn besonders Kinder sind noch nicht in der Lage für die Befriedigung ihrer psychischen Grundbedürfnisse zu sorgen, deshalb benötigen sie feinfühlige Eltern.

Bedürfnis nach Orientierung und Kontrolle

Menschen wollen ihre Umwelt verstehen, vorhersagen und beeinflussen können. Niemand möchte sich äußeren Ereignissen ausgeliefert fühlen, ohne diese kontrollieren zu können.

Bedürfnis nach Selbstwertschutz/Selbstwerterhöhung

Der Wunsch, sich selbst als gut und liebenswert zu erleben, ist in jedem Menschen angelegt. Erfahrungen des Gelingens sind wichtig für den Erhalt und die Erhöhung des Selbstwertes.

Bedürfnis nach Lustgewinn/Unlustvermeidung

Menschen streben nach angenehmen Erfahrungen und möchten unangenehme Erfahrungen vermeiden. Hierbei sollte das lustvolle Erleben überwiegen (vgl. ebd.: 73-74).

Eine dauerhafte Verbesserung im Wohlergehen von Menschen kann nur erreicht werden, wenn sich die Soziale Arbeit an der Befriedigung dieser psychischen Grundbedürfnisse ausrichtet. Psychologie als Bezugswissenschaft der Sozialen Arbeit spielt in verschieden Handlungsfeldern derselben eine große Rolle (vgl. ebd.:75).

Irmgard Teske nennt einige fallspezifische Themenschwerpunkte der Sozialen Arbeit, bei denen Wissensbestände aus der Psychologie herangezogen werden können: Situationen von Kindern nach Trennung und Scheidung, prekäre Lebenssituationen, Armut, Auseinandersetzung mit Sterben und Tod, familiäre Krisen, Bindung, Gewalterfahrungen, soziale Wahrnehmung (Vorurteilsbildung, Stereotypbildung), soziale Ängste, Selbstwahrnehmung/ Selbstkonzept, Schulverweigerung/ Absentismus, Kinder als „Carer"/Parentifizierung (vgl. Teske 2016: 45). Mit diesen Themen beschäftigen sich verschiedenen Praxisfelder der Sozialen Arbeit. Chassé und von Wensierski unterscheiden diese wie folgt: Kinder- und Jugendhilfe, Erziehungs- und Familienhilfe, Altenhilfe, Frauen- und Frauenbewegung, Benachteiligung und Armut im Sozialstaat, Soziale Arbeit in spezifischen Bereichen (vgl. Chassé/ von Wensierski z.n. Brake/Deller 2014: 48).

Professionelles soziales Handeln setzt folgende Fragestellungen voraus: Was ist das Thema? Welches Problem betrifft welche Person? Wer ist in der Pflicht? Welche Person erteilt welches Mandat? Welcher der Beteiligten kann was tun? Welche Ressourcen stehen wem zur Verfügung? Was ist am wichtigsten (Müller 1993: S. 106 z. n. Teske 2016: 38)? Die Beantwortung dieser Fragen dient der Sammlung von Informationen, der Problemdefinitionen, der Intervention und Evaluation. Letztlich stellt die so erfolgte Diagnose die Basis für eine Intervention dar (vgl. Teske 2016: 39). Zusammenfassend ist festzustellen, dass die Psychologie der Sozialen Arbeit Handlungsstrategien, Methoden und Modelle zur Verfügung stellt, die dazu dienen, gemeinsam mit den Klient*innen herausfinden zu können, was die Problemsituation ist, mit dem Ziel, das Wohlbefinden wiederherzustellen, zu heben und zu stärken.

8. Kritik

Wie bereits in Kapitel 5 deutlich geworden ist, gibt es eine Vielzahl von psychologischen Ansätzen. Bisher wurde der ergänzende Charakter dieser teils sehr unterschiedlichen Paradigmen herausgestellt. Beim näheren Hinsehen sind aber deutliche Wiedersprüche fest-zustellen. Beschäftigten sich erste Deutungsmuster der Psychologie mit der „Innen-welt" des Menschen, so beschränkt sich der Ansatz des Behaviorismus auf die Analyse des objektiv beobachtbaren Verhaltens. Möglicherweise führt die Nutzung verschiedener psychologischer Paradigmen zu unterschiedlichen Ergebnissen (vgl. Teske 2016: 50). Die Soziale Arbeit bezieht sich in ihren Theorien, Ansätzen und Methoden sehr stark auf die Psychologie. Umgekehrt ist dies jedoch weitestgehend nicht so. Psychologie ist ein zentrales Fach im Studium der Sozialen Arbeit. Im Studiengang der Psychologie findet die Soziale Arbeit bis heute jedoch nur marginale Beachtung. In einem anderen Punkt sehen Pankofer und Vogt noch Klärungsbedarf. Die Frage, ob es sich bei der Rolle der Psychologie eher um einen additiven Zugang oder um eine integrierende Perspektive han-delt, ist noch nicht abschließend beantwortet. Ergänzend wird auf den gewaltigen Wis-sensbestand der Psychologie hingewiesen. Hier muss eine Selektion der einzelnen Berei-che stattfinden, die für die Soziale Arbeit relevant sind. Eine besondere Rolle spielt dies für Hochschullehrer*innen, die sich fast täglich mit der Frage auseinandersetzen müssen, welche Inhalte mit welcher Zielsetzung sie aus der Vielfalt der Psychologie lehren (vgl. Pankofer/ Vogt 2021: 27).

9. Zusammenfassung

Es ist festzuhalten, dass sich die Soziale Arbeit verschiedener Bezugswissenschaften be-dient, von denen die Psychologie zu einer der Wesentlichsten zählt. Unter anderem liegt dies an der Größe der gemeinsamen Schnittmenge beider Disziplinen. In beiden Wissen-schaften geht es um den Menschen mit seinem Erleben, Handeln und Verhalten. Die So-ziale Arbeit hat als Praxiswissenschaft den Anspruch, das Wohlbefinden der Klient*innen wiederherzustellen bzw. zu steigern. Die Psychologie kann Antworten darauf geben, wie dieses Ziel erreicht werden kann. Die Disziplin und die Profession der Sozialen Arbeit greifen dabei auf Wissensbestände, Theorien und Forschungsbefunde der Psychologie zurück und bedienen sich der verschiedenen psychologischen Paradigmen in sich ergän-zender Weise. Die Vielfältigkeit der psychologischen Ansätze ermöglichen den Sozialar-beitenden, ein vollständigeres Bild der jeweiligen Problemlagen ihrer Klient*innen zu bekommen.

Abschließend ist zu sagen, dass die kritische Auseinandersetzung mit der Psychologie als Bezugswissenschaft der Sozialen Arbeit zunächst aufzeigt, dass sich die Soziale Arbeit nach wie vor in einer Entwicklung befindet. Fragen über relevante Wissensbestände der Psychologie oder ob diese eher als additiver Zugang oder als integrierte Perspektive der Sozialen Arbeit zu betrachten ist, sind noch nicht anschließend geklärt. Die fortwährende Forschung in diesen Bereichen ist wünschenswert, um das Profil der Sozialen Arbeit als junge Wissenschaft immer weiter zu schärfen.

Literatur

Borg-Laufs, Michael (2018): Psychologie. In: Caroline Schmitt; Matthias D. Witte (Hrsg.): *Bezugswissenschaften der Sozialen Arbeit. Einführung in die Soziale Arbeit. Band 2.* Hohengehren: Schneider Verlag, S. 71- 86.

Brake, Roland/Ulrich Deller (2014): *Soziale Arbeit: Grundlagen für Theorie und Praxis*, 1. Aufl., Opladen, Deutschland: UTB GmbH.

Bretländer, Bettina/Michaela Köttig/Thomas Kunz/Rudolf Bieker (2014): *Vielfalt und Differenz in der Sozialen Arbeit: Perspektiven auf Inklusion (Grundwissen Soziale Arbeit, Band 15)*, Stuttgart, Deutschland: W. Kohlhammer GmbH.

Die Soziale Arbeit und ihre Bezugswissenschaften. (o. J.): Fachportal Pädagogik. Online https://www.fachportal-paedagogik.de/literatur/vollanzeige.html?FId=978562 (abgerufen am 14.06.2021).

Engelke (2005): *Die Einbindung der Sozialen Arbeit in die Menschenwissenschaften.* Online: https://w3-mediapool.hm.edu (abgerufen am 25.06.2021).

Gahleitner, Silke/Juliane Sagebiel/Herbert Effinger/Björn Kraus/Ingrid Miethe/Sabine Stövesand (2010): *Disziplin und Profession Sozialer Arbeit: Entwicklungen und Perspektiven (Theorie, Forschung und Praxis der Sozialen Arbeit)*, 1. Aufl., Leverkusen, Deutschland: Budrich.

Hammerschmidt, Peter/Kirsten Aner/Sascha Weber (2019): *Zeitgenössische Theorien Sozialer Arbeit*, 2., Weinheim, Deutschland: Beltz Verlag.

Lübeck, Dietrun (2020): *Psychologie in der Sozialen Arbeit*, Weinheim, Deutschland: Beltz Juventa.

Mücke (2021): *Wissenschaftliche Psychologie: Merkmale, Definition.* Online: https://scio-doo.de/was-macht-die-psychologie-zu-einer-wissenschaft/ (abgerufen 23.06.2021)

Pankofer, Sabine/ Vogt, Anette (2011): Psychologie. Gone with the wind! Psychologie und Soziale Arbeit – Potentiale einer (noch) einseitigen Liebe. In: Thomas Schumacher (Hrsg.): *Die Soziale Arbeit und ihre Bezugswissenschaften. Dimensionen Sozialer Arbeit und der Pflege Band 12.* Stuttgart: Lucius & Lucius, S. 25- 40.

Schmitt, Caroline/Matthias Witte (2018): *Bezugswissenschaften der Sozialen Arbeit (Einführung in die Soziale Arbeit)*, 1. Aufl., Baltmannsweiler, Deutschland: Schneider Hohengehren.

Teske, Irmgard (2016): Psychologie als Bezugswissenschaft der Sozialen Arbeit. In: Brigitta Michel-Schwartze (Hrsg): *Der Zugang zum Fall. Beobachtungen, Deutungen, Interventionsansätze.* Wiesbaden: Springer VS, S. 37-58

Wendt, Peter-Ulrich (2017): *Lehrbuch Methoden der Sozialen Arbeit*, 2., Weinheim, Deutschland: Beltz Verlag.

Wissenschaftliche Psychologie – *Onlinelexikon für Psychologie und Pädagogik* (o. D.): *Onlinelexikon für Psychologie und Pädagogik*. Online: https://lexikon.stangl.eu/6679/wissenschaftliche-psychologie (abgerufen am 26.06.2021).